돌덩어리들

돌덩어리들

• 튀르키예와 그리스 순례 •

정은경 지음

좋은땅

책을 내며

튀르키예와 그리스에 성지순례 패키지로 다녀왔습니다. 저는 튀르키예어, 그리스어뿐 아니라 영어도 못 합니다. 행여나 일행을 잃고 국제 미아가 될까 봐 인솔자 뒤에 바짝 붙어 다녔습니다. 사진 찍으라는 곳에서 환한 웃음을 보이며 사진을 찍었습니다. 잠을 자라고 하면 자고, 주는 대로 먹었습니다.

낯선 곳이 보이면 열심히 사진을 찍었습니다. 가이드의 설명을 놓치지 않고 수첩에 받아 적었습니다. 높은 확률로 다시 못 가지 싶어서 눈을 크게 뜨고 귀를 쫑긋 세웠습니다. 그리고 이렇게 기록을 남깁니다.

이후 그곳에 갈 누군가에게 도움이 되면 좋겠습니다. 그보다 이 책을 읽으며 저와 함께 다녀온 느낌을 얻으면 좋겠습니다.

이 글은 순전히 저의 개인 체험이고 의견입니다. 저와 다른 경험을 하신 분도 많으리라고 생각합니다. 그러니까 이 글은 열흘 동안의 얕은 체험일 뿐입니다. 또한 교회 개척 이십 년을 맞아 첫 성지순례를 다녀온 목사 부부의 이야기입니다.

2025년 가을에
정은경

차례

책을 내며 ………………………………………… 4

바람이 불어 물이 불어 ………………………… 8

옷 벗은 남자들 ………………………………… 16

돛을 올려라 …………………………………… 24

데린쿠유와 괴레메 …………………………… 33

돌덩어리들 ……………………………………… 44

차로 국경 넘기 ………………………………… 56

예배와 찬양 …………………………………… 62

글 대신 그림으로 ……………………………… 70

메테오라 매달리다 …………………………… 79

운하 ……………………………………………… 87

집으로 돌아가는 중 …………………………… 96

사진 설명 ……………………………………… 103

바람이 불어 물이 불어

 봄바람이 분다. 봄이 꽃망울 건드리듯 살살 어루만지면 몸이 노글노글해진다. 봄바람은 조심해야 한다. 멋모르고 몸을 척 맡겼다가는 쌀쌀한 기운에 감기 걸리기 십상이다.
 겨울 한가운데에서 이른 봄맞이를 한다. 남편의 환갑을 맞아 조금 빨리 봄꽃을 터트리는 남쪽으로 여행을 다녀오기로 했다. 이왕이면 다홍치마라고 한 번도 못 해 본 성지순례를 꿈꾼다. 마음 같아서는 이스라엘을 다녀오고 싶지만, 분쟁지역이라 안 된다. 튀르키에와 그리스로 정한다. 성지순례 전문여행사를 고르고 계약금을 보낸다. 그때부터 봄꽃 터트릴 날만 기다리는 꽃눈

처럼 가슴이 벌렁거린다.

  받아 놓은 날은 성큼성큼 다가온다. 여행 가방을 사고, 커피믹스와 컵라면도 몇 개 챙기고, 일빵빵 전투식량도 주문한다. 외국에 가면 그 지역 음식을 먹어야 한다는 내 잔소리는 귓등으로 흘려보내고 남편이 애지중지 챙긴다. 그럴 거면 커피포트도 넣으라고 했더니 진짜 커피포트까지 챙긴다. 여행용이 아니라 집에서 쓰던 걸 그냥 넣는다. 사실 가방 안에 빈자리가 많다.

  남편과 커플 옷도 산다. 바람을 잘 막을 것 같은 재킷이다. 새 옷은 그러잖아도 설레는 마음을 부채질한다. 바람이 단단히 든다.

비행기와 공항에서 신을 편한 신발도 준비했다.

밤 비행기인데 아침부터 부산하다. 단단히 아침을 챙겨 먹고, 공항버스를 타고 공항에 간다. 쓸데없이 서두른 탓에 인솔자보다 먼저 도착한다. 여행 가방을 질질 끌고 공항을 빙빙 돌아도 시간이 남아돈다. 한 것도 없이 배에서 꼬르륵 소리가 들린다. 일단 밥을 먹자. 공항에 갈 때는 매번 출국장 층에서 햄버거를 먹었는데, 시간이 많아서 식당이 있는 곳으로 한 층 올라간다. 올라가 보니 생각보다 비싸지 않고, 곳곳에 있는 소품 덕분에 기대 이상으로 한국적 정취가 풍긴다. 식당마다 사람으로 가득하다. 해외에 가는 사람이 이렇게 많나 싶어 새삼 놀란다. 순두부찌개를 국물까지 다 먹고 내려오니 그제야 우리를 데리고 떠날 인솔자가 와 있다.

짐을 보내고, 출국 심사를 받고, 비행기에 탑승하는 것까지 일사천리다. 바람이 부는 대로 몸을 맡기면 벌써 비행기에 앉아 있다. 생각하고 이끄는 건 인솔자의 역할이다. 예전 패키지여행에서는 인솔자가 깃발을 들고 앞서가면 뒤에서 깃발을 보고 따라다녔다. 다녀와서는 보라색 깃발만 기억났다. 이번 인솔자는 깃발이 부끄러운지 접힌 우산 살을 쭉 펴들고 앞서 걷는다. 깃발이나 우산이나 다를 게 없다. 아무튼 사람 많은 곳에서 우뚝 솟은 뭔가 있으면 보고 따라가기 좋은 게 사실이다.

비행기가 이륙하고 조금 지나면 승무원이 기내식을 가져온다.

나는 발밑에 내려놓은 가방을 열고 주섬주섬 뒤진다. 좁은 자리에서 몸을 최대한 작게 움직이면서 손끝에 신경을 집중한다. 비장의 무기, 텀블러를 찾는다.

　비행기에 100밀리리터 이상의 액체를 가지고 탈 수 없는 것은 상식이다. 그렇지만 빈 텀블러를 가지고 타는 것은 가능하다. 비행기 안에서 커피나 차, 와인, 주스 등의 음료수를 준다. 그때 뜨거운 물을 달라고 얘기하면 된다. 비행 내내 텀블러에 담은 물을 조금씩 마신다.

작은 텀블러와 기내식

따뜻한 물은 혈액 순환을 돕는다. 건조한 비행기 안에서 목을 따뜻하게 적시는 것만으로도 몸이 편안해진다. 졸다 일어나 물 한 모금 마시고, 졸다 일어나 물 한 모금 마시면 금세 10시간이 훌쩍 흘러간다.

지루해도 즐거운 시간. 이렇게 따뜻하고 편안해도 되나 생각하다가 윤동주의 시 '바람이 불어'를 떠올린다.

바람이 어디로부터 불어와/어디로 불려 가는 것일까//바람이 부는 데/내 괴로움에는 이유가 없다//중략//바람이 자꾸 부는데/내 발이 반석 위에 섰다//강물이 자꾸 흐르는데/내 발이 언덕 위에 섰다

바람이 불고, 강물이 흐르는데 그저 서 있기만 하는 자신을 돌아보는 시인의 마음을 떠올린다. 윤동주 시인이 살았던 일제강점기와 지금을 비교할 수 없지만, 여전히 아픔이 있고, 힘든 시간을 견디는 이들이 있다. 나 역시 힘든 시간이 많았기 때문에 해외여행이 호사처럼 느껴진다.

바람이 분다. 환갑에 해외여행을 하는 것도 하나의 바람이라 할 수 있을까.

물이 분다. 경기가 어렵다고 하는데 공항에는 사람으로 가득하다. 이렇게 큰 비행기 안에 빈자리 하나 없이 꽉 차 있다. 물은 발목까지 오고, 허리까지 이르고, 목까지 차고 올라온다. 불어난 물에 휩쓸리면 빠져나올 수 없다.

따뜻한 물을 한 모금 마신다. 칼칼한 목이 부드러워진다. 몸 가득 따뜻한 기운이 퍼진다. 물은 없어서는 안 되지만, 지나쳐도 안 된다. 물만 그렇겠는가. 바람도 그럴 것이고, 여행도 그럴 것이고, 즐거움도 그럴 것이다.

윤동주 시인은 바람이 부는 반석 위에 서 있다. 강물이 흐르는 언덕 위에 서 있다. 시인은 바람과 강물에 몸을 맡기지 못해 안타까웠을까. 흘러가는 대로 뛰어들지 않겠다는 다짐을 했을까. 함부로 뛰어들지도, 벗어나지도 못하는 것은 바람이 가는 곳을 모르기 때문이리라.

설렘과 바람이 있는 공항

수없이 많은 바람이 분다. 정치 이야기들, 사회 이야기들, 경제 이야기들. 바람에 몸을 맡긴 채 옆도 뒤도 돌아보지 않고 깃발만 보고 따르는 사람이 있고, 어정쩡하게 옆에 서서 구경만 하다가 가야 할 길을 놓친 사람도 있다. 난 어디 서 있나. 비몽사몽 잠과 현실의 중간 즈음, 하늘과 땅의 중간 즈음에 있는 건 아닌가.

따뜻한 물 한 모금에 그저 감사하는 사이, 비행기는 튀르키예를 향해 빠르게 날아가고 있다.

옷 벗은 남자들

 튀르키예 가는 길, 두바이국제공항에서 비행기를 갈아탄다. 세계 10대 공항에 들어갈 뿐 아니라, 세계 최대 규모의 면세점이 있는 곳이다. 이참에 두바이도 구경하고 싶어서 공항 밖으로 목을 쭉 뺀다. 새벽 4시. 창밖은 우리 집 전망과 똑같이 까만 하늘이다.
 시선을 공항 안으로 돌린다. 비행 내내 쪼그렸던 몸을 쭉쭉 펴며 걷는다. 이른 새벽이라도 두바이공항은 사람으로 붐빈다. 명품은 말할 것도 없고 두바이 특산물, 초콜릿, 양주, 시계 가게가 즐비하다. 부자 나라답게 비싼 자동차도 전시되어 있다.

면세점에서 자동차도 판다.   올 때 보니 그새 차가 바뀌었다.

환승객이 많아서 의자마다 사람이다. 새벽이라 그런지 꾸벅꾸벅 졸고 있다. 아예 누워 자는 사람도 있다. 나도 의자를 하나 차지하고 앉는다. 이방인과 여행자들이 모인 곳. 얼굴색도 다르고 체형도 다르고, 옷 입는 스타일도 다르다. 각자 언어가 달라서 그런가? 말하는 사람 하나 없이 주변이 조용하다.

두바이국제공항의 새벽

주변을 둘러보는 내 앞에 하얀 천을 두른 남자들이 하나둘 나타난다. 할아버지부터 손자까지 총출동한 가족도 있고, 아내와 남편, 아들로 보이는 가족도 있다. 구릿빛 몸에 목욕 수건 같은 하얀 천을 두른 남자들이 내 앞에서 왔다 갔다 한다. 가운도 아니고 수건이다.

이게 무슨 일이지? 물론 나도 편한 옷을 입고 있다. 비행기 탈 때는 헐렁한 게 좋다. 그렇지만 목욕 수건은 너무한 것 아닌가. 수건으로 채 못 가린 살들이 적나라하게 드러난다. 가방이라도 둘러메면 더 민망하다. 수건은 끈처럼 말려 올라가고, 등이며 배며 겨드랑이까지 두드러진다.

머리와 몸 전체를 가린 옷을 입은 여성이 곁에 있는 걸 보면 그들은 이슬람교도인 듯하다. 난 그들의 정체에 대해 상상의 날개를 편다. 혹시 이슬람교 예배 시간인가? 아니다. 예배드리러 공항에 오는 게 말이 안 된다. 이슬람교 중에도 좀 특이한 분파인가? 그렇다고 하기에는 예사로운 분위기다. 내 눈에만 헐벗은 사람들이 보이는 건 아니겠지? 어림잡아도 백 명 넘는 사람이 흰 천만 두르고 태연하게 걸어 다닌다.

이리저리 머리를 굴려도 도무지 짐작되는 게 없다. 역시 인터넷 검색이 최선이다. 나는 휴대전화를 열고 이슬람교 남자의 옷에 대해 정보를 찾는다.

한참 검색한 끝에 정보를 얻는다. 그들의 복장은 이흐람이라고 한단다. 바느질이나 재봉하지 않은 하얀 천 두 개 중 하나는 허리에 고정하고 하나는 어깨에 두른다. 속옷도 안 입는다. 옷핀으로 고정해서도 안 된다. 오직 천만 두른다.

이흐람은 순례자가 입는 옷이라고 한다. 사우디아라비아에 있는 메카에 가서 순례가 끝날 때까지 입는 옷이다. 그러니까 내가 본 사람들은 메카에 가는 순례자라는 것이다. 그제야 공항에 있는 그들이 이해된다. 그들도 나처럼 환승을 하는 참이리라.

나 역시 성지순례 나선 길이다. 종교가 다르지만, 성지순례를 위해 구별되고, 정결하고 싶은 마음가짐이 이해된다. 복장을 갖추는 것은 태도와 연결된다. 정장을 입으면 행동을 조심하게 되는 것과 마찬가지다. 이흐람은 가난한 사람과 부자를 구별할 수 없게 만드는 옷이라고 한다. 평등도 떠올리게 되고, 아무것도 가져갈 수 없는 인생도 느끼게 된다.

좋은 의미에도 불구하고 공항과 이흐람은 안 어울린다는 생각이 든다. 민망한 노출을 빼도 그렇다. 가방 메고 걸어 다니는 공항에서 천 하나는 불편하다. 천을 고정할 수 없으니 조금만 움직여도 주르르 흘러내리고, 말려 올라간다. 아이 하나는 하얀 천을 두 손으로 꼭 잡고 있다. 옷 안에 갇힌 것 같다. 손을 놓으면 천은 그대로 바닥행이다. 옷핀이라도 하나 주고 싶다.

옷은 몸을 가리는 용도 외에 신분을 드러내기도 하고, 속한 집단을 보여 주기도 한다. 구별된 옷을 입는 이슬람교뿐만 아니라 특별한 옷을 입는 집단도 있다. 군복을 입으면 군인이고, 경찰복을 입으면 경찰임을 알 수 있다. 교복을 입으면 학생이다. 비슷해 보여도 학교마다 교복 모양도 조금 다르다.

내가 고등학교 2학년 때다. 우리 학교 교복을 입었다는 이유로 한 학생이 동네 불량배의 칼에 찔려 사망한 사건이 있었다. 대부분 학생이 스쿨버스로 학교에 다녀서 평소 동네 사람과 마주칠 일이 없었다. 우리가 몰랐던 불편을 동네에 끼쳤는지, 자세한 사정은 알 수 없었다.

그 아이는 그저 떡볶이를 사 먹으러 밖에 나갔다. 왜 혼자였을까? 답답해서 잠깐 나갔을지도 모른다. 아니면 야간자율학습을 빠지고 놀려고 했을지도 모른다. 그 작은 일탈로 생명을 잃게 될지 상상도 못 했으리라. 단 한 번 찔렸는데, 위험한 부위였다. 때로는 어떤 옷을 입은 것만으로 혐오의 대상이 되는 것을 그때 알았다.

이슬람교는 옷에 대한 규제가 심하다. 몇 년 전 프랑스에서 아바야와 카미를 입고 등교할 수 없다고 정한 것 때문에 시끄러웠던 적이 있다. 아바야는 몸 전체를 덮는 여성 옷이고, 카미는 남성 옷이다. 학교에서 종교와 정치를 표현할 수 없게 하기 위해서라는 게 이유였다. 원래 이슬람교의 히잡과, 유대교의 전통 모자 키파, 가톨릭의 대형 십자가 등만 규제했는데 아바야와 카미가 추가된 것이다. 반대 의견이 많았지만 밀어붙였다.

불편한 옷을 입고 순례에 나선 이들을 보며 마음이 복잡하다. 저렇게까지 해야 하느냐와 옷이 태도를 만든다는 생각이 부딪친다.

밖이 환하다. 비행기가 뜰 시간이다.

하얀 옷이 우르르 사라진다. 내 복장은 어떤가 돌아본다. 편한 고무줄 바지와 헐거운 신발, 몸을 가리는 헐렁한 재킷이다. 옷은 편하지만, 마음을 단단히 잡아매 본다. 그들의 성지순례 마음가짐에 뒤지지 않으리라 다짐한다. 내가 탈 비행기가 준비되었다는 방송이 나온다. 그새 해가 떴는지 밖이 환하다.

돛을 올려라

 드디어 이스탄불이다. 튀르키예 서쪽에 있는 도시 이스탄불은 유럽 대륙과 아시아 대륙이 만나는 장소로 유명하다. 보스포러스 해협을 사이에 두고 두 대륙이 마주 본다.
 튀르키예 첫 일정은 보스포러스 해협 유람선 승선이다. 우기라 다른 여행객이 없는지 우리 팀만 배에 오른다. 한강처럼 생긴 물길을 따라 유럽과 아시아를 양쪽에 거느리고 쭉 올라가면 흑해가 나온다. 아래로 내려가면 마르마라해이다. 더 가면 지중해다.
 보스포러스 해협과 우리나라 한강은 길이와 폭이 비슷하다고 한다. 서른 개 넘는 다리가 강남과 강북을 촘촘하게 연결하는 우리와 달리, 보스포러스 해협에는 다리가 세 개뿐이라 한가하게 느껴진다.

  조용해 보여도 긴 세월 수많은 물건과 사람이 다닌 길이다. 지중해에서 출발한 배가 흑해를 둘러싼 나라와 도시에 가기 위해서 반드시 거쳐야 했다.

  유람선이 물을 가르며 달린다. 가이드가 멀리 보이는 건물을 소개한다. 궁전이었던 곳, 모스크들, 해협을 지나는 배에 세금을 걷던 크즈섬도 보인다.

보스포러스 해협의 유람선

비가 내려서 사위가 어둡다. 가이드의 손이 가리킨 곳 어딘가에 실크로드의 종착점 그랜드 바자르 시장과 엄청난 돔천장을 자랑하는 성소피아 성당이 있으리라. 물길을 따라가며 튀르키예의 역사를 흘려듣는다.

뱃길은 예로부터 좋은 운송 수단이었다. 사람들은 나무의 속을 파거나 갈대나 대나무를 엮어 뗏목을 만들었다. 노를 저어 강을 건너고, 물길을 따라가며 물건을 옮겼다.

노를 젓는 것보다, 돛을 다는 게 편하다는 것을 처음 발견한 사람은 누구였을까. 최초의 범선은 이집트 나일강에서 발견되

배에서 본 다리

었단다. 나일강은 강물이 지중해로 흐르기 때문에 배를 띄우기만 하면 저절로 하류로 내려가고, 반대로 돛을 올리면 바람을 타고 상류로 올라갔다고 한다. 잔잔한 물결과 방향 덕분에 이집트 사람들은 나일강을 쉽게 오가며 문명을 발달시켰다. 범선은 지중해로, 홍해로 가고 이곳 보스포러스 해협에도 왔으리라.

돛을 올려라. 선장이 외치면 거대한 범선이 바다로 나선다. 돛은 19세기 증기선이 나올 때까지 바다 이동의 최강자였다. 범선 덕분에 사람들은 강이나 호수를 쉽게 건널 수 있었고, 섬에 정착할 수 있었으며, 바다를 새로운 활동 무대로 삼을 수 있었다.

아시아와 유럽을 가르는 보스포러스 해협

바울이 배로 오간 고린도 바닷가

　사도 바울이 갔던 길이다. 성경에 사도 바울이 범선을 탄 기록이 있다. 바울은 죄인의 몸으로 로마로 호송되고 있었다. 배를 타고 가다가 유라굴로라는 폭풍을 만난다. 사도행전 27장에는 풍랑으로 배가 깨지고 바다에서 죽을 위기에 처해 짐과 음식, 배의 기구까지 다 버리고 닻도 끊어 버린 끝에 돛을 달고 바람에 맞추어 해안으로 들어가는 내용이 나온다. 멜리데섬에 간 그들은 그곳에서 겨울을 난 후 알렉산드리아 배를 타고 로마로 간다.
　지중해는 시계 방향으로 바람이 부는 4월에서 10월은 배를 띄우지만 반대로 부는 겨울에는 난파가 많아 배를 띄우지 않았다고 한다. 때가 지났으니 배를 띄우지 말라는 바울의 말을 무시

하고 배를 띄운 백부장과 뱃사람들은 풍랑을 만난다. 바울 일행만 풍랑을 만난 게 아니다. 수많은 뱃사람이 바다에서 위기를 겪었다.

'전쟁에 나가면 한 번 기도하고, 바다에 나가면 두 번 기도하라'는 유럽 속담이 있다. 전쟁보다 무서운 게 바다라는 것이다. 바람이 거세게 불면 배가 뒤집히고, 바람이 안 불면 바다에 갇혀 그대로 유령선이 되었다.

실제로 돛에 의지했던 범선 시절, 뱃사람이 가장 무서워한 건 풍랑이 아니라 무풍지대였다고 한다. 맞바람이라도 불면 역풍을 활용해 어떻게든 앞으로 갈 수 있지만 바람이 안 불면 오지도 가지도 못했다. 바람 한 점 없는 적도 부근이나 북위·남위 25~35도는 '죽음의 바다'였다. 이곳에 갇히면 소설과 영화에 나오듯 선원이 죽고 유령선이 되었다.

19세기 증기선이 나오기 전까지 범선으로 대서양을 건넜다는 사실이 기적처럼 느껴진다. 대륙과 대륙을 오가기 위해서는 지구의 자전 방향을 따라 부는 무역풍과 해류를 이용했다고 한다. 실제로 유럽에서 인도에 가려면 대서양 건너 브라질로 가다가 적도에서 방향을 바꿔 희망봉을 거쳐 빙 둘러 갔다고 한다.

동력선이 나온 후 돛을 단 범선은 자취를 감추었다. 엔진 덕분에 무풍도 지나고 무역풍을 거스를 수도 있다. 그런데 최근 다시 범선의 필요를 말하는 이들이 있다. 화석 연료에 의해 움직이는 배가 온실가스를 만들기 때문이다. 배에 있는 엔진과 별도로 첨단 돛을 설치하면 연료를 절약한다고 한다. 날개처럼 생긴 현대의 돛은 접었다 펴는 크기 조절과 방향 전환이 쉽고 가볍다. 돛을 펴고 달리다가 다리를 만나면 납작하게 접을 수 있다. 그보다 신기하고 놀라운 변화가 많아서 놀랄 일도 아니다. 그럼에도 불구하고 우리는 여전히 폭풍과 바람에 길이 막히고, 쓰나미에 휩쓸린다.

바다에서 시작하는 첫 여정이 의미 있게 생각된다. 예수님을 전한다는 이유로 죄인이 된 바울, 그는 바다 건너 로마에 가서

로마 전차경기장이었던 곳이 지금은 광장이 되었다.

감옥에 갇히고, 순교를 당한다. 폭풍보다 거세었을 여정. 바울과 사람들이 목숨을 걸고 복음을 전했기에 나와 후손들이 예수와 함께 오늘을 산다. 우리가 탄 유람선은 빗속을 가르고 달린다. 사도 바울이 만난 폭풍까지는 아니라도 튀르키예에 겨울바람이 거칠게 분다.

'전쟁에 나가면 한 번 기도하고, 바다에 나가면 두 번 기도하라'는 속담의 다음 구절은 '결혼할 땐 세 번 기도하라'이다.

바다보다 무서운 게 배우자인가 생각하며 웃는다. 생각해 보면 바람이 바다에만 불겠는가. 바람난 남편, 아내 때문에 인생이 출렁거리기도 하고, 바람 든 자녀 때문에 속 끓이기도 하는 것 아니겠는가. 그러니 세 번, 네 번 기도할 수밖에 없으리라. 바람 부는 날, 배우자와 배를 타는 나는 몇 번 기도해야 하나 생각하며 뭍으로 올라선다.

데린쿠유와 괴레메

카파도키아로 간다. 눈이 많이 와서 비행기가 안 뜰까 봐 걱정했는데 다행히 무사히 뜨고 내린다. 관광버스로 옮겨 이동하며 창밖을 본다. 세상이 온통 하얗다. 가이드는 튀르키예에서 십 년 넘게 사는 동안 이런 눈은 처음이라며 놀란 목소리를 낸다.

눈 때문인지 한 시간 넘도록 차 한 대, 사람 한 명 안 보인다. 바다처럼 하얀 평지에 가로수가 드문드문 길이 여기라고 표시한다. 땅이 넓어서 그런가, 바람이 세서 그런가. 가로수가 움츠린 것처럼 왜소하게 느껴진다.

베드로전서 1장에 나오는 지역이다. 베드로가 '본도에 흩어진

나그네들에게' 편지를 쓰는데, 본도는 폰투스를 말하며 카파도키아에 있다.

카파도키아는 해발 천 미터 정도의 고원 지역이다. 먼 옛날 화산 폭발 후, 화산재가 굳은 응회암이 있었고, 오랜 세월 바람에 쓸리고 비에 깎여 기기괴괴한 암석 지형이 만들어졌다. 사천 년 세월 동안 이곳은 히타이트 제국, 동로마 제국, 셀주크 투르크와 오스만 투르크가 차지했다가 지금은 튀르키예 영토가 되었다.

응회암은 다른 암석에 비해 강도가 약해 굴을 파기 쉽다고 한다. 사람들은 암석을 깎아 방을 만들고 창고를 만들어 사용했고, 지금도 집으로, 호텔로, 식당으로 쓰고 있다. 덜 단단하다고 해도

돌을 깎아 만든 방

데린쿠유의 지하로 내려가는 좁은 길

벽돌보다 강하다. 변변한 도구도 없이 굴을 파고 도시를 만들었다는 게 기적처럼 느껴진다.

카파도키아에는 괴레메, 위르퀴프, 무스타파파샤, 젤베, 데린쿠유 같은 도시가 있는데, 우리는 괴레메와 데린쿠유를 방문한다.

데린쿠유는 기독교도들이 박해를 피해 숨어 지낸 곳이다. 카파도키아에서 발견된 지하 도시 36개 중 가장 큰 게 데린쿠유에 있다. 발굴 안 된 곳도 많다. 데린쿠유는 지하 100미터에 총 11개 층이 있다고 하는데, 7층까지 개방한다.

굴에 들어서면 어둡고 좁다. 제주도 만장굴은 용이 휙 지나간 것 같은 넓은 용암길이 있고, 강원도 환선굴은 거센 물살에 석회암이 깎여 나가 운동장처럼 넓은 공터가 있다면, 데린쿠유의 굴은 구불구불하고 좁다. 굳이 찾으면 광산이었다가 관광지로 바뀐 광명동굴과 닮았다.

돌계단을 내려간다. 비좁고 낮아 허리를 숙이고 무릎도 굽혀야 한다. 데린쿠유 굴속에서 키 큰 사람은 머리를 조심해야 한다. 허리 펼 곳이 별로 없다. 뚱뚱하면 몸이 끼어서 못 지나가는 곳도 있다. 그럴 땐 맞춤옷을 해 입듯 벽을 파면 된다.

처음부터 이곳에서 살려고 만든 건 아니라고 한다. 원래 지하 창고였다. 동쪽에서 무슬림이 넘어오면 기독교인은 지하로 들어가 몇 달을 버텼다. 죽음이 물러가면 다시 밖으로 나와 농사를 지었다. 땅속에서 살아남으려고 필요한 만큼 깎고, 다듬고, 또 파고 들어갔다. 그러다 거실, 부엌, 와인 창고, 교회, 학교, 가축우리도 갖췄다.

그들이 살아 냈던 흔적

깜깜한 지하에서 가이드가 천정을 가리키며 "이곳을 기억하세요. 땅 위에 올라가 '여기'라고 하면 그게 여깁니다." 말한다. 그게 무슨 뜻인지 몰랐는데, 밖으로 나와 우물을 가리키며 "여기"라고 말한다. 우물로 위장한 숨구멍이다.

우리는 몸을 최대한 오그리고 아래로 내려간다. 거미줄처럼 길이 얽혔다. 개방된 곳도 있지만 아닌 곳도 있다. 가이드를 놓치는 순간 미아가 된다. 앞사람 뒤통수를 눈으로 잡고 바짝 뒤쫓는다. 통로가 하나밖에 없는 곳도 있다. 오르는 사람과 내려가는 사람이 중간에 만나면 오지도 가지도 못한다.

"여기"라고 외친 땅속

"여기"라고 외친 땅 위

한참 내려가자 십자가 모양의 방이 보인다. 교회가 있던 곳이다. 작지만 세례를 베풀던 세례 터도 있다. 우리 일행은 방 가운데 빙 둘러서서 기도를 드린다. 유적지에 왔으니 짧게 기념하자는 마음으로 시작한 기도였는데, 누군가 구석에서 훌쩍이는 소리를 낸다. 훌쩍임에 답하듯 반대쪽에서 끙 울음소리를 낸다.

몇천 년을 건너도 여전히 땅속에 갇힌 것 같은 괴로움이 있다. 자신의 아픔 때문일까, 이웃으로 인해서일까, 과거 이곳에서 버틴 이들을 생각해서일까.

십자가 모양의 방에서 오른쪽 팔에 해당하는 곳이다. 돌벽에 손을 짚으며 숨어서 기도하던 이들을 생각했다.

햇빛이 닿지 않는 곳. 박해를 피해 숨어들어 온 이들은 금방 다시 밖으로 나갈 줄 알았으리라. 푹신한 이불을 챙기지 않았고 넉넉한 물도 없었다. 겨우 쪼그린 몸을 누일 만큼만 벽을 팠다. 날이 지나고, 계절을 보내고, 해를 거듭했으리라. 숨죽여 살며 절망과 희망이 매일 매 순간 널뛰었을 것이다. 벽을 잡고 울었을 그들을 생각하며 벽을 쓰다듬는다.

눈 덮인 카파도키아

 카파도키아의 다른 도시 괴레메로 간다. 데린쿠유가 박해를 피해 숨어 살던 곳이라면, 괴레메는 순수한 신앙을 지키려고 스스로 구별하고 고난을 자처한 곳이다. 이곳은 바위밖에 없는 척박한 곳이다. 욕심을 버리기 위해 아무것도 없는 곳을 찾아와 굴을 파고 몸을 감췄다. 무릎 꿇고 기도했다. 비둘기를 키우며 날려 옆 마을과 소통했고, 비둘기 똥을 비료로 농사를 지으며 살았다.
 이곳의 공식 명칭은 '괴레메 국립공원과 카파도키아 바위 유적'이다. 카파도키아 수많은 바위 중에서 콕 집어 괴레메 국립공원이 유네스코 세계유산에 등록되었다. 그 이유는 이곳에 동굴 교회들이 있기 때문이다.

이곳에 서기 7세기부터 14세기에 지어진 교회와 내부 성화가 있단다.

눈이 와도 너무 많이 온다. 온 땅을 하얗게 덮나 했더니, 발목이 푹푹 잠긴다. 괴레메 동굴 교회까지 올라갈 수 없다. 우리는 근처까지라도 가기를 독려하며 눈밭을 걷는다. 운동화 사이로 물이 들어와 양말이 젖는다. 차가워진 몸을 오그리고 수도자의 심정으로 한 발자국씩 천천히 위로 오른다.

진돗개처럼 생긴 튀르키에 개가 앞서거니 뒤서거니 따른다. 개 귀에 동그란 인식표가 걸렸다. 정부에서 예방 접종을 하고 관리하고 있다고 한다. 달려들거나 물 것 같은데 순하다. 자기가 마치 호위병이라도 되는 듯이 늠름하게 따라온다. 괴레메에 열기구 투어 오는 관광객이 많다고 하는데, 개가 사람 손을 많이 탄 듯싶다.

가이드의 손끝을 따라 고개를 휘휘 젓는다. 여기도 교회, 저기도 교회였던 곳이다. 성 바실 교회, 사과 교회, 뱀 교회, 샌들 교회, 버클 교회, 어둠의 교회 등이 있었다고 한다. 1950년대 동굴

교회가 발견되었을 때 붙였던 별명이 이름처럼 굳어졌다. 그중 어둠의 교회 프레스코화는 1,000년이 넘었는데 100년 된 그림보다 선명하다고 한다. 빛이 잘 안 들어와서 어둠의 교회이고, 볕이 잘 안 들어서 그림이 형형하다. 무슬림의 성상 파괴 운동 때도 높은 천장에 성화를 그린 덕분에 훼손되지 않고 모양이 그대로 보전되었단다.

교회와 벽화를 보는 일정이 있는데, 눈 때문에 올라갈 수 없다. 아쉽지만 걸음을 돌린다.

박해를 피해 땅속에서 살았던 데린쿠유와 순수함을 지키려 바위를 파고 들어간 괴레메. 믿음을 지키려고 삶을 송두리째 바친

눈에 발이 푹푹 빠진다.

이들의 유산을 뒤로하고 다음 일정지로 달린다. 비행기로 고속 버스로 달리는 길이 부끄럽게 느껴져 버스 안이 조용하다.

데린쿠유 입구에 교회로 보이는 오래된 건물이 비어 있다. 지하에서 신앙을 지켰던 이들이 마음 아파할 것 같다.

돌덩어리들

튀르키에 관광 다녀온 사람을 붙잡고 "뭘 보고 왔느냐" 물어보자. 둘 중 하나는 이렇게 얘기할 것이다.

"돌덩어리 보고 왔어요."

둘 중 하나만 그렇겠는가. 거짓말 조금 보태면 열 명 중 열한 명이 돌만 실컷 봤다고 말할 것이다.

여기도 돌, 저기도 돌이다. 이천 년 전 돌, 천 년 전 돌이 아무렇게나 널브러져 있다. 기둥이 옆으로 누워 있고, 멋들어진 장식품도 반쯤 땅에 묻힌 채 고개를 내밀고 있다. 심지어 허연 관도 뚜껑 덮은 채 햇살 아래 팽개쳐져 있다. 누가 몇 개 집어 가도 모를 만큼 많다. 땅만 파면 나오는 게 유물인데 누가 신경이나 쓰겠나 싶다. 그래도 관리하는 사람이 있고, 똑바로 세워 놓은 기둥도 있고, 관광객에게 비싼 입장료도 받으니 함부로 주머니에 넣으면 안 된다.

산 위에서 아래까지 도시였던 흔적이 남은 곳도 있다. 다 땅에 파묻히고 기둥만 몇 개 덜렁 남은 곳도 있다. 성당을 짓거나 모스크 만들거나 박물관 세울 때면 여기서 넘어진 기둥을 가져다 썼다는 게 이해될 만큼 많다.

지진이 잦은 곳이라 그렇다. 아시아판과 유럽판이 만나는 곳, 튀르키예는 지금도 지진이 현재 진행형이다. 잊을 만하면 지진 이야기가 뉴스를 장식한다. 아나운서가 탁자를 붙잡고 실시간 중계하고, 건물이 무너지고, 사람이 다친다.

튀르키예는 성경책 요한계시록 2장과 3장의 무대이기도 하다. 에베소, 서머나, 버가모, 두아디라, 사데, 빌라델비아, 라오디게아 일곱 교회가 이곳에 있었다. 사도 요한은 요한계시록에서 일곱 교회에 칭찬과 책망, 권면의 말씀을 전한다.

어려움 가운데서도 수고하고 견딘 것을 칭찬하고, 게으르지 않은 것을 칭찬한다. 사랑을 버린 것을 책망하고, 우상 숭배와 음행을 책망한다. 회개하고 열심을 내고 이웃을 사랑하라고 권면한다. 받을 고난을 두려워하지 말라고 권면한다. 후에 생명나무의 열매를 주고 예수님과 먹고 마시게 될 것이라고 말한다.

우리 일행은 그 일곱 교회 중에 라오디게아, 빌라델비아, 사데, 에베소를 방문했다. 교회들은 어떤 모습으로 남아 있을까.

라오디게아 교회 터 근처 야외극장이 있던 곳이다. 흙더미에 묻혀 있다.

라오디게아 교회 터 근처 야외극장 두 개 중 발굴이 된 곳.

히에라폴리스 야외극장 모습이다. 곳곳에 야외극장이 있었다.

돌덩어리들

처음 라오디게아 교회 터에 도착했을 때 엄청나게 규모가 커서 입을 쫙 벌렸다. 산을 몇 개 붙여 놓은 것처럼 컸다. 알고 보니 그게 다 교회 터가 아니었다. 제우스 신전과 야외극장, 목욕탕, 광장 등이 있던 곳이다. 물론 교회의 흔적도 있다.

옛사람들은 이곳에서 로마의 신들을 섬기고 신전을 세웠고, 시간이 지난 뒤 교회도 지었다. 지진이 휩쓸고 지나가며 신전이 무너지고 극장이 무너지고 교회도 무너졌다. 지금 일부 발굴한 곳도 있지만 대부분 땅에 묻히거나 기둥 모서리를 빼꼼 드러낸 채 방치되어 있다.

빌라델비아 교회 기둥

우리나라였으면 몇 번은 더 폐허 위에 새집 짓고, 수로 파고 사람이 모여 살았을 것이다. 우스갯말로 경주 땅 조금만 파면 신라시대 유물이 나온다고 하지 않는가. 튀르키예는 땅이 넓어서 그대로 버려두는 걸까. 생각해 보면 넓어서만은 아닌 것 같다. 이슬람 국가인 튀르키예는 굳이 제우스 신의 유적지를 복원하기를 원하지 않을 것이고, 비용 들여 교회를 발굴할 의욕도 없을 것이다. 그러니 교회, 사도 요한의 무덤, 빌립 집사의 순교 터 등 어느 곳을 가도 보이는 건 돌과 기둥뿐이다.

빌라델비아 교회는 기둥만 몇 개 남아 있는데, 엄청나게 뚱뚱하다. 여럿이 팔을 둘러야 잡을 수 있다. 기둥이 이 정도면 건물은 얼마나 컸을까.

사도 요한을 기념하여 AD 600년경에 지었다고 하는데, 역시 지진으로 다 무너지고 기둥만 남았다. 요한계시록에 빌라델비아 교회가 말씀을 지키면 성전의 기둥이 되게 한다는 부분이 있다. 다 무너진 곳에서 본 거대한 기둥이 성경 말씀을 생각나게 한다.

사데 교회가 있던 곳은 아데미 신전 유적이 대부분을 차지하고, 교회 땅은 작다. 주변에 널린 섬세한 대리석은 다 아데미 신전을 받치던 기둥이다. 거대한 아데미 신전 기둥에 비해 사데 교회 붉은 벽돌이 허름해 보인다.

뒤에 보이는 큰 기둥이 아데미 신전 기둥이고, 붉은 벽이 사데 교회가 있던 흔적이다.

에베소 원형 극장이 있던 곳. 굶주린 사자를 풀어 기독교인을 죽였다.

에베소 큐레테스 거리에 있는 매춘 광고. 이 발보다 커야 여자를 살 수 있다. 일종의 미성년자 출입금지 표시다.

에베소로 이동한다. 에베소는 항구 도시였던 만큼 더 크고 화려한 신전이 있다. 셀수스 도서관이 있던 곳이고, 아고라와 시장터도 있다.

기독교인을 파이프에 넣어 죽였다는 목욕탕도 있고, 사자를 풀어 죽였다는 원형 경기장도 있다. 다른 곳에 비해 복원을 많이 해서 당시 에베소 사람이 다닌 길, 화장실, 시장 같은 것이 모습을 갖추고 있다.

사도 바울이 걸었던 길도 있다. 복원이 잘되어 마치 그 시대 그 길을 걷는 느낌이 든다. 바울은 먼 길을 걸어왔을 텐데, 차 타고 와서 조금 걸으며 느끼기에는 부족해도 한참 부족하지만 말이다.

튀르키예의 에베소와 사데 등 일곱 교회가 있던 지역은 사도 바울과 제자들이 복음을 전하고, 수많은 기독교인이 죽임을 당하면서 믿음을 지킨 곳이다. 기독교가 공인된 후에는 큰 교회가 세워졌고, 서로마가 망한 뒤에도 오래 믿음을 지켰다. 튀르키예의 이스탄불(콘스탄티노플)은 동로마 제국(비잔틴)의 중심이었다. 우리나라로 치면 삼국시대부터 조선 초기까지 기독교 문명이 강력했던 나라다.

다 무너져 버린 교회들처럼, 현대 튀르키예에는 기독교인도 교회도 거의 없다. 물론 아데미나 제우스를 섬기지도 않는다. 인구의 99%가 이슬람교도인 나라다.

다른 이슬람 나라에 비해 율법이 엄하지 않다고 하는데도 여행 내내 여행자나 외국인을 빼면 여성들을 거의 못 봤다. 식당에서 음식을 만드는 사람도 남자고, 가게에서 물건 파는 사람도 남자고, 길에서 마주치는 사람이나 차를 운전하는 사람도 남자다. 내가 여행지만 가서 그런지도 모른다. 정치와 문화와 사회는 변한다. 그러니 내년이나 내후년에는 지금과 또 다른 모습일 것이다. 다시 천 년이 지나면 어떤 모습으로 살고 있을까.

고속도로를 달리는 내내 밖이 황량하다. 먼 지평선에 있는 나무 몇 그루만 보일 뿐 황야가 이어진다. 어떤 나무는 쉬 뒤로 스치고 어떤 나무는 오래 버스를 쫓아온다. 둘 다 멀어 보여도 사실 그중 어떤 나무는 비교적 가깝고 어떤 나무는 멀었던 모양이다. 서 있으면 거리를 못 느끼지만 움직이면 거리를 가늠할 수 있다. 비슷해 보여도 시간이 지나면 쉬 사라질 것이 있고, 오래

창밖에 황야가 이어진다.

자리를 지키는 것도 있다.

돌로 만든 집은 흙이나 나무보다는 오래 모양을 간직한다. 사람이 다듬은 흔적이 시간 속에 지워지고 깨지고 흩어져도 돌덩어리는 오래 남아 관광객의 발길을 부른다. 그러니 많은 것이 사라져도 돌과 같은 밑거리는 남으리라.

25년 봄, 선종한 프란치스코 교황의 마지막 편지를 기억한다. 그는 편지에서 이 세상에 내 것이 하나도 없음을 말한다.

"몸은 내 바람과 상관없이 살이 찌고, 병들고, 늙고, 기억도 스르르 빠져나가며 조용히 나에게서 멀어집니다."라고 고백한다. 언제든 떠날 준비를 하며 살아야 하기에 모든 인연과 세상에 고마웠다고 말한다. 그렇기에 감사하며 사는 삶 자체가 기적임을 전한다. 그의 고백이 땅에 뒹구는 오래된 건축물보다 크게 느껴진다.

대리석 관이 흩어져 있다.

돌 위에 돌 하나 남지 않고 무너진 곳을 걸으며 점점 걸음이

돌덩어리들　53

무거워진다. 지금 내 것 역시 몇십 년이면 내 것이 아닐 것이다. 건강이 내 것이겠는가. 젊음이 내 것이겠는가. 내가 사는 집은 헐릴 것이고, 물건은 낡고 버려질 것이다.

 멋지게 장식한 대리석 관이 환한 햇빛 아래 마구 흩어져 있다. 섬기던 사람도 섬김을 받던 사람도 사라지고 돌덩어리만 함부로 뒹군다. 돌이었다가, 한때 아이돌(idol, 우상)이었으나, 다시 돌로 돌아가고 있다.

차로 국경 넘기

 대한민국은 섬이다. 북한이 길을 막았으니 섬이나 마찬가지다. 비행기나 배를 타야 다른 나라에 갈 수 있다. 외국에 가려면 제일 먼저 공항에 간다. 출국 수속하고, 면세점 구경하고, 비행기 타고 날아가 세관 신고하고 입국 수속을 끝내면 그제야 입장이 허가된다.
 '유럽은 차를 타고 쌩 지나며 국경을 넘는다'는 소문을 들은 터라 잔뜩 기대한다. 시화방조제에 있는 '어서 오십시오 안산, 안녕히 가십시오 시흥' 안내판처럼 다리 한가운데 '어서 오십시오 그리스, 안녕히 가십시오 튀르키예'라고 쓰여 있는 게 아닐까 상

이런 황야를 오래 달렸다.

상한다.

　새벽 출발이다. 차로 다섯 시간을 달려야 국경이다. 호텔에서 샌드위치와 사과, 주스로 이루어진 도시락을 받아들고 관광버스에 오른다. 졸다 말다 하는데 버스를 갈아타라며 깨운다. 국경을 넘는 전용 버스로 갈아타야 한단다. 튀르키예 안내 가이드와도 그즈음 이별이다.

　국경을 넘는 줄도 모르고 넘었다는 말은 여기서는 거짓말이다. 꽤 엄격한 심사를 거쳐야 한다. 비행기 타고 가는 것과 비슷하다. 출국 심사하고, 면세점 지나고, 버스로 국경을 넘고, 입국 심사한다.

　우리나라와 일본처럼 튀르키예와 그리스도 사이가 나쁘다고 한다. 전쟁하고 점령했던 역사 때문이기도 하고 튀르키예에서

차로 국경 넘기

그리스로 가는 불법 입국자가 많기 때문이기도 하다. 아시아, 아프리카에서 넘어오는 난민과 이민자를 막기 위해 국경지대에 3.8선 같은 거대한 펜스를 설치하고, 입출국 심사도 까다롭게 한다.

튀르키예 가이드와 헤어져도 우리에게는 인천공항에서부터 함께 온 인솔자가 있다. 인솔자의 안내에 따라 국경 사진 촬영도 삼가고, 여권을 손에 꼭 쥐고 창밖을 본다.

"삼십 분 만에 넘어갈 수 있고, 세 시간 걸릴 수도 있습니다. 괜한 시비 생기지 않도록 조심해 주세요."

우리 일행은 이십 대 젊은이가 대부분이다. 쓸데없는 호기 부릴까 봐 걱정인가 본데, 겪어 보니 하나같이 착실한 청년들이다. 청년들도 여권을 챙겨 들고 얌전하게 앉아 있다.

튀르키예 출국 심사장이 보이면 모두 버스에서 내려 건물 안으로 들어간다. 지하철 게이트처럼 생긴 곳에 한 줄로 쭉 서면 여권과 얼굴을 확인하고 한 명씩 통과시킨다. 문을 넘어가면 고속도로 휴게소보다 작은 면세점이 있다. 화장실 다녀오고 시간을 보내다 다시 고속버스에 오른다. 조금 달리면 이번엔 그리스 입국 심사장이다. 고속도로 게이트 통과하는 것처럼, 차들이 줄 서서 기다린다. 버스 기사가 여권을 걷어서 가져가더니 한 번에 입국 도장을 받아 온다. 그 사이 마약 탐지견이 버스 짐칸을 수색

한다.

 다시 삼십 분 정도 달리면 그리스에서 우리를 안내할 가이드와 관광버스를 만난다. 이만하면 쉽게 국경을 넘었다. 안도의 숨을 내쉰다.

 중국으로 가족 여행 갔다가 난처한 일을 당한 적 있다. 조카가 여권을 만든 후 쌍꺼풀 수술을 했는데, 얼굴이 다르다며 중국 공항 출국장에서 한참 대기한 것이다. 공항검색대 직원이 얼마나 사나운 표정과 딱딱한 말투로 무장했는지 우리가 무엇인가 큰 죄를 저지른 것 같았다. 막 스무 살이었던 조카는 무섭고 놀라 사색이 되었다. 집으로 못 돌아갈까 봐 무섭고, 비행기를 놓칠까 봐 걱정되었다. 다행히 아슬아슬하게 통과해 무사히 집으로 돌아왔다. 집에 오자마자 사진을 다시 찍고 여권을 바꿨다.

 잘못한 게 없어도 남의 나라 검색대 앞에 설 때는 떨린다. 잘 모르는 영어에 오케이 하며 고개를 끄덕이다가 입국 금지되었다는 우스갯소리도 있다. 날짜 얼마 안 남은 여권을 갱신하지 않고 공항으로 갔다가 난처한 일을 당한 사람도 있다. 어떤 나라는 공항검색대 직원이 검색대에서 여행객의 물건을 훔치는 일도 있단다.

 생각해 보면 나라와 나라를 이동하는 건 까다로운 일일 수밖에 없다. 범죄, 난민, 밀입국, 유해 물질 등 수많은 일이 일어나

기 때문이다. 버스 타고 넘어도 엄연히 국경을 넘는 일이니, 복잡하고 불편해도 규정을 따라야 한다.

벽을 하나 세웠을 뿐이라도 국경은 큰 위력을 갖고 있다. 양쪽 나라의 정치와 문화가 다르고, 경제 상황도 다르다. 그러니 함부로 건널 수 없다. 맘대로 넘다가 총 맞을 수도 있다.

국경 사이에 시소를 설치해 재밌는 놀이를 한 일이 있다. 2019년 미국과 멕시코 국경 사이에 만든 시소가 그것이다. 미국 어린이와 멕시코 어린이가 국경을 사이에 두고 분홍색 시소 양쪽에 앉아 오르락내리락하는 모습이 감동적이었다.

함께 시소를 타며 놀 만큼 가까운데 전혀 다른 나라와 사회에서 산다는 게 한편으로는 씁쓸했다.

버스를 타고 쉽게 넘어도 튀르키예와 그리스의 창밖 분위기가 다르다. 여성 가이드가 버스에 오른다. 길에 여자들이 걸어 다닌다. 차도 운전하고, 가게에도 식당에도 여자들이 있다.

예배와 찬양

"여러분, 튀르키예에서 깨진 돌 많이 보고 오셨지요? 그리스에서도 많이 보실 겁니다."

그리스 가이드가 먼저 빌립보 유적지로 우리를 안내한다. 빌립보는 사도 바울이 아시아에서 유럽으로 건너와서 처음 복음을 전한 곳이다. 사도행전 16장에 바울은 밤에 마케도니아로 건너오라는 환상을 본다. 드로아에서 배를 타고 네압볼리에 이르고, 빌립보에 가서 복음을 전한다.

우리는 배가 아니라 버스 타고 육지를 빙 돌아서 왔기 때문에 빌립보에 먼저 갔다가 네압볼리 항구로 가서 숙박하기로 했다.

그리스 북동부 쪽이 옛 마케도니아인데 빌립보, 네압볼리, 암비볼리, 데살로니가, 아볼로니아, 베뢰아 등이 포함된다. 남쪽은 아가야 지역으로 아테네와 고린도가 있다.

빌립보 유적지에도 깨진 돌이 가득한데, 특별히 이곳에는 사도 바울이 갇혔던 감옥이 복구되어 있다.

바울과 실라는 귀신 들린 여종을 고쳐 준 일로 억울하게 감옥에 갇힌다. 그런데 기도하고 찬송하는 중 옥문이 열린다. 도망가지 않은 바울을 보고 감옥을 지키던 간수가 예수를 믿게 된다.

바울은 이후 빌립보에서 자주색 옷감 장수 루디아를 만나 그녀와 가족에게 세례를 준다. 그래서 루디아기념교회와 세례 터

사도 바울이 갇혔던 감옥

가 있다.

 우리가 그리스에 도착한 날은 주일이다. 루디아기념교회 앞뜰에서 예배를 드리기로 했다. 늦은 오후 둥근 회랑 같은 곳에 둘러서서 말씀을 나누고 기도와 찬양을 드린다.

루디아기념교회

 주일 예배를 교회가 아닌 여행지에서 드리는 게 처음이라 나는 어색한 느낌이 든다. 남편의 환갑을 맞아 떠나온 성지순례다. 처음이기도 하지만 마지막일 수도 있다. 멀리 있는 우리 교회 집사님과 권사님들께 미안하기도 하고 고맙기도 하다. 돌아가서 알려 드리려고 한 곳, 한 곳을 눈과 마음에 열심히 담는다. 다시 없을 시간이라 여기며 예배에 집중한다. 다른 이들도 같은 마음인지 눈을 반짝이며 말씀을 듣고 힘껏 찬양을 부른다.

우리 일행은 목사 부부인 우리 외에, 장로 부부 한 팀, 자매 한 팀을 빼면 나머지는 젊은이다. 찬양 대회 수상자들이 부상으로 성지순례 왔다고 한다. 음악 전공자도 있고, 외국에서 온 청년도 있고, 쇼호스트도 있는데 하나같이 잘생기고 예쁘고 다정하다. 찬양 대회 출신답게 음악성도 뛰어나다.

그들은 무너진 교회 터에서, 고대 유적지에서, 순교자가 피를 흘린 곳에서, 원형 극장에서, 길거리에서 찬양을 부른다. 어떤 곡이든 누군가 부르기 시작하면 다른 사람이 화음을 쌓고 음색을 맞추는 게 신기하기도 하고 은혜롭기도 하다. 찬양은 투박하게 부르는 것도 좋지만, 전공자의 화음이 들어가니 귀가 호강하는 것 같다. 매일 먹는 김치찌개와 외식 코스요리의 차이라고 할까.

그중 튀르키예 히에라폴리스 사도빌립순교교회 터에서 부른 찬송과 그리스 빌립보 루디아기념교회 안에서 찬양한 것이 특별히 기억에 남는다.

사도빌립순교교회 터는 거대한 기둥이 둥글게 세워져 있다. 기둥 가운데 아치로 뚫려 있어서 사람이 지나갈 수 있다. 우리는 기둥과 기둥 사이를 줄지어 걸으며 '오직 주의 사랑에 매여' 찬양을 불렀다. 기둥을 빙 두른 사랑의 띠가 되기를 바라는 마음이었다. 흩어지고 깨지고 무너진 마음이 회복되기를 바라며 천천히 걸었다. 붉어지는 노을이 우리 마음에 응답하는 것 같아 가슴이 벅찼다.

  찬양 잘하는 사람들이 왔다는 소문이 다른 성지순례 팀에 두루 돌았다고 한다. 지나가던 다른 팀 사람들이 찬양 소리를 듣고 와서 한 곡만 더 불러 달라고 부탁하는 재밌는 일도 생겼다.

  루디아기념교회 안에서는 '주 하나님 지으신 모든 세계' 찬송을 불렀다. 돔 천장이라 소리가 사방에 왕왕 울렸다. 찬양 소리

기둥 사이로 걸으며 화음을 만들었다.

가 벽을 타고 올라가 돔 천장에 모였다가 햇볕처럼 몸으로 쏟아지는 것 같았다. 우리가 소리 안으로 들어가는 건지, 소리가 우리 가슴속으로 들어오는 건지 구분할 수 없을 만큼 감동적이었다. 한 곡만 부르기로 한 게 두 곡, 세 곡 이어졌다. 그러고도 밖으로 나오기 아쉬웠다.

　루디아기념교회는 천장과 벽, 바닥까지 온통 그림이 있다. 둥근 돔 천장 바로 아래는 창문이어서 햇빛이 들어온다. 아래에 아치형 기둥이 둥글게 서 있다. 번쩍거리는 그림과 빛 때문에 들어서자마자 저절로 경건해진다. 그런 곳에서 찬양을 부르니 짊어지고 온 걱정이나 불평이 아무것도 아닌 것처럼 느껴진다.

루디아기념교회 안에서 올려다본 천장

'다음에 교회 건축할 때는 천장을 돔으로 해야 하나?'

진지하게 고민한다. 돔 천장은 이슬람교 사원을 멋지게 보이려고 모자처럼 만든 줄 알았다. 이렇게 소리를 울리게 하는 좋은 점이 있음을 새삼 깨닫는다. 가이드의 설명을 들으니 동방교회에서 쓰던 돔 천장을 이슬람교가 그대로 가져가 쓰는 거란다.

성화와 돔 천장은 동방교회의 특징이다. 장엄한 성가와 화려한 성화는 글을 모르는 사람에게 성경을 알려 주기 위해서 택한 방식이었다고 한다. 말씀을 중요하게 여기는 개신교와 다른 부분이다.

이사야 40장 31절에 '오직 여호와를 앙망하는 자는 새 힘을 얻으리니 독수리가 날개치며 올라감 같을 것이요'라는 부분이 있다. 독수리가 두 날개를 함께 날갯짓하는 것처럼, 말씀 묵상과 거룩한 예배는 함께 가야 하지 않을까 생각해 본다. 이성과 감성이 조화를 이루는 것처럼 말이다.

집으로 돌아와 상가 지하에 있는 우리 교회에서 찬송을 부르며 종종 그곳에서의 찬양을 떠올린다. 고급 레스토랑에서 돌아와 맨밥에 김치 올려 먹는 것처럼, 각자 부르는 찬송이 또한 푸근하다.

글 대신 그림으로

"형, 입대곡 뭐야?"

만약 당신이 이 말을 이해한다면 이삼십 대 남성일 확률이 매우 높다. 아니면 그 또래 아들을 둔 엄마일 수도 있다. 아무튼 다른 세대는 어리둥절할 것이다. 여자 아이돌이 활발하게 활동할 즈음 군대 간 사람만 알아듣는, 그들만의 단어다. 이 말을 풀어 쓰면 이렇다.

"형이 군인일 때 유행한 여자 아이돌 노래는 뭐였어?"

어떤 단체나 모임은 그들만의 독특한 언어가 생긴다. 대학 나온 사람은 나이를 가늠할 때 몇 학번인지 묻고, 해병대는 기수로

서로를 확인한다. 의사도 그들의 언어를 쓰고, 학자들도 그들만 알아듣는 말을 한다. 어떤 학문을 배우는 것은 그 언어를 배우는 것이라고 하지 않는가.

글을 쓸 줄 모르는 사람은 어떤 언어로 소통해야 할까. 그림이다. 군인이 군인의 언어를 사용하는 것처럼, 고대인은 그림을 사용했다. 그림으로 마음을 표현하고, 믿음을 증명했다.

그리스에는 이콘이 많다. 이콘은 예수님과 사도, 성모 마리아, 성인을 그린 그림이다. 그림인 성화만 이콘으로 보기도 하고, 조각인 성상을 이콘에 넣어 주기도 한다.

그리스어인 이콘은 영어로 아이콘이다. 컴퓨터 쓸 때 화살표처럼 생겨서 마우스로 움직이는 아이콘이 이 말에서 유래된 것이다. 또한 이콘이 우상을 의미하기도 해서 개신교에서는 이콘을 그리지 않는다. 성화나 성상을 만들지 않는다.

천주교 중 서방교회는 성화와 성상을 모두 쓰고, 동방교회는 성화를 주로 사용했다고 한다. 동방교회인 그리스에는 성상은 별로 없고 성화가 압도적으로 많다. 빌립보의 루디아기념교회, 네압볼리의 사도바울도착기념교회, 베뢰아의 사도바울기념터, 메테오라의 산정수도원. 어디를 가도 이콘을 만난다.

아이콘 덕분에 컴퓨터를 쉽게 쓰는 것처럼, 이콘 덕분에 사람들은 글을 몰라도 성경을 읽고 이해하고 느낄 수 있었다. 다른

루디아기념교회의 천장화

나라에 가서 그 나라 말을 못 해도 표정과 손짓으로 감정을 표현하는 것처럼 말이다.

이콘은 예술이 아니라 일종의 언어이고 기술이라고 한다. 전하는 내용을 정확히 알려 주기 위해 그린 것이다. 그러니까 교회가 원하는 대로 정확히 표현해야 한다. 장면, 인물의 배열 등에 정한 원칙이 있다. 인물이 입은 옷의 색깔이나 들고 있는 도구, 펼친 두루마리에도 모두 각각의 의미가 들어 있단다.

창작은 절대 금지다. 이콘 화가는 전문장인에 가깝고 주로 사제나 수도자들이 그렸다. 오늘날 수도원에도 이콘을 그리는 수도자들이 있다. 그들은 그리기 전에 금식기도를 하고, 사용하는 물감에 축복 기도를 한다.

 이콘은 주로 템페라를 말하지만, 프레스코화, 모자이크화도 포함된다. 금속이나 돌에 새기거나 천에 수를 놓기도 한단다.

 템페라는 대개 널빤지에 캔버스 천을 붙인 다음 금박을 입히고 밑그림을 그린다. 템페라 물감과 달걀을 섞어 색을 여러 번 덧칠하며 명암을 준다. 물감이 빨리 굳기 때문에 다루기 쉽지 않다. 색칠할 때는 배경과 옷처럼 넓은 면을 먼저 칠하고 다음에 얼굴과 머리카락, 수염, 문구 순으로 칠해 나간다.

베뢰아 사도바울기념터에 있는 이콘   메테오라 산정수도원 내에 있는 박물관에서 본 템페라화

고린도 박물관에서 본 모자이크화

모자이크화를 확대

더 확대하면 작은 돌이 보인다.

템페라 못지않게 자주 보이는 것이 모자이크화다. 모자이크화는 로마 시대 때부터 바닥을 장식하려고 만들었다. 그러다 교회 천장을 장식할 때도 쓰고, 바닥에도 쓰고, 벽에도 썼다. 비잔틴 시대에는 테세라라는 착색 유리와 하얀 대리석, 돌, 자갈 조각으로 모자이크화를 만들었다고 한다. 유리가 빛을 반사하기 때문에 웅장한 느낌이 든다. 그런데 일하다가 유리 조각이 눈에 들어가서 실명하는 일도 많았다. 사도바울기념터는 밖에 있어서 그런지 비바람에 강한 모자이크화가 있다. 배경에 금색을 많이 써서 번쩍거린다.

바를람수도원 내 이콘

프레스코화도 있다. 템페라를 캔버스에 그린다면, 프레스코화는 벽에 그린다. 벽에 석회를 바르고 수용성 그림물감으로 그린다. 메테오라 산정수도원 곳곳에 프레스코화가 있다. 석회가 떨어져 나간 곳도 군데군데 보인다.

산정수도원의 프레스코화 　　프레스코화를 확대한 부분

예수님을 그림이나 형상으로 표현하는 게 우상이 된다고 하여 성상 파괴 운동이 일기도 했다. 출애굽기 20장에 하나님이 모세

에게 십계명을 주시며 하나님의 형상을 만들지 말라고 했다. 그러니 나는 그림이나 형상을 만들기보다는 말씀 묵상이 옳다고 여긴다.

글로 된 언어에 익숙해서인지 그림으로 된 언어가 낯설다. 그렇지만 글을 모르는 이에게 믿음을 전하기 위한 언어라고 생각하면, 내가 마음을 다해 글을 쓰는 것과 그들이 그림 그리는 것이 다르지 않다는 생각이 든다. 미래에는 글보다 효과적인 언어가 나올 수도 있지 않겠는가. 이미 사진과 영상, PPT가 있고 통역 앱도 있다. VR로 현실 같은 체험을 할 수도 있다. 미래에는 입대곡을 물어보는 것처럼, 어떤 언어를 가지고 있느냐고 물어볼 수도 있다.

수도사들이 온 힘을 다해 그린 그림 앞에 선다. 오래 서서 그들이 전하는 말에 귀를 기울인다.

메테오라 매달리다

비 내리는 토요일 오후다. 아들이 휴대전화 화면에 눈을 떼지 못하고 방에서 나온다. 놀란 가슴을 추스르는 듯 잠깐 숨을 고르더니 떨리는 목소리로 말을 꺼낸다.

"전에 식당에서 같이 일했던 친구가 한강에서 뛰어내렸대요."

"힘들다며 매번 너 붙잡고 매달리던 그 친구?"

대답하는 내 목소리도 떨린다. 머릿속이 멍하다. 이런 일이 생길 수 있다는 걸 알면서 방치한 것처럼 죄책감이 왈칵 치민다.

얼굴을 본 적은 없다. 그렇지만 아들 입을 통해 그 친구에 대해 여러 번 전해 들었다. 벼랑 끝에 선 것처럼 힘든 그의 사정을 들었다. 잠깐의 실수로 짊어진 무거운 빚과 그것보다 무거웠던 그의 일상, 그리고 답답한 현실을. 그는 어느 날은 될 대로 되라는 듯 함부로 굴다가 또 어느 날은 어떻게든 벼랑에서 벗어나려고 몸부림치고는 했다.

"난 형처럼 되고 싶어요."

두 살 어린 그는 퇴근 후에도 자주 아들을 붙잡고 하소연했다. 그렇지만 아들 역시 이십 대 아르바이트생이 아닌가. 안정된 직장도 없고, 계획한 미래도 없는, 어느 것 하나 가진 것 없는 청년이다. 해 줄 수 있는 게 없었다. 그래도 그 친구 보기에 부러운 게 있었는지 친형제처럼 지내고 싶다는 얘기를 자주 했다.

어떤 날은 그저 얘기를 들어 주고, 때로는 감싸고, 가끔은 조언하며 몇 개월 같이 일했다. 아들이 먼저 식당을 그만두고, 그 친구도 일을 그만두었다는 소식을 들었다. 이후 연락하지 않은 것은, 그의 긴 하소연이 부담스러워서였을지도 모른다. 그러다 부고 소식을 들은 것이다.

"형 따라 교회 가고 싶어요."

언젠가 그런 말도 했다는데, 그때 데리고 오라고 할 걸 그랬다. 곁에 품을 어른 하나 없는 청년이 매달릴 때 내 손은 무얼 했던가.

그 친구만 그럴까. 주변을 둘러보면 벼랑 끝에 선 청년이 정말 많다. 검색해 보니 우리나라 이십 대 자살률이 OECD 평균보다 두 배나 높단다. 우울감, 사람 관계 등 수많은 문제가 있겠지만, 제일 커 보이는 건 돈 문제다. 살다 보면 돈보다 중요한 게 많지만, 젊은 친구들에게 그 말이 얼마나 허황하게 느껴질까.

안정된 직장까지 아니라도, 괜찮은 아르바이트 구하는 것마저 쉽지 않다. 소셜미디어 속 또래 아이들은 비싼 걸 사고, 좋은 곳을 여행하고, 활짝 웃는다. 그래서 더 화가 난다. 혼자 벼랑에 선 것 같다.

그리스 메테오라에 가면 진짜 벼랑에 매달려 살았던 사람의 흔적을 볼 수 있다. 수도사들이 스스로 선택해 그런 삶을 살았단

수도원 밑으로 동굴들이 보인다.

다. 기암절벽 꼭대기에 수도원이 있고, 낭떠러지 중간중간에 작은 동굴이 있다. 굴을 파고 들어가 굶으며 기도했다. 동굴에서 기도하던 수도사가 예배 시간에 얼굴을 보이지 않으면 그는 동굴에서 사망한 것이라고 한다.

메테오라 수도원 한쪽에 긴 줄이 매달려 있다. 물건도 올리고, 수도사들이 의지해 올라갔던 줄이다. 줄은 끊어져야 갈았단다. 누군가 떨어져야 줄을 바꿨다는 건가 싶어 가슴이 떨린다. 실제 줄 없이 맨몸으로 암벽을 오르내린 이가 더 많았다. 죽음이 지척이다.

대롱대롱 매달렸을 때, 아니면 한 발만 삐끗하면 그대로 추락할 것 같을 때 어

지금은 도르래를 설치해 물건을 올린다.

떻게 해야 할까. 오지도 가지도 못하고 달달 떨고 있을 때 어떻게 해야 할까. 그런 이들에게 든든한 밧줄 하나 내리는 건 정말 어려운 일일까. 작은 길 하나 만드는 건 불가능한 일일까.

사실 수도사들은 죽으려고 메테오라에 매달린 건 아니다. 은둔자의 삶을 선택했을 뿐이다. 그런 삶을 택하는 이도 있다. 남과 다른 모양으로 살 수도 있다.

벼랑 끝 청년들이 살아날 길은 없을까. 어떤 부부가 죽으러 떠난 여행지에서 우연히 일자리를 얻어 살게 되었다는 기사를 읽은 적 있다. 낯선 곳, 낯선 삶에 들어가면 내 삶을 보는 시각이 바뀌기도 한다. 소셜미디어 속 활짝 웃는 얼굴이 전부가 아닌 것을 알게 되기도 한다. 낭떠러지 옆 작은 길 하나 발견할 수도 있다.

좀 구차하게 살아도 괜찮다. 체면이 구겨지고 원하는 걸 갖지 못하면 어떤가. 성공 못 해도 괜찮다. 파산, 회생도 있고, 정부 지원 프로그램도 있다. 그것도 안 되면 노숙인 쉼터도 있다. 노숙인 쉼터를 전전하던 이가 그들을 돕는 사람으로 바뀌었다는

메테오라 기암절벽

이야기도 종종 듣는다.

 죽을 것처럼 힘든 시간이 있다. 아무것도 없는 것 같고 차라리 죽는 게 떳떳한 것 같다. 그런데 지나고 곰곰이 돌아보면 그래도 그 안에 젊음, 건강, 친구, 가족이 있다. 힘든 낭떠러지, 모퉁이 돌아가면 푸른 초원은 아니라도 작은 꽃 한 송이는 피어 있지 않겠는가. 오늘 하루를 살아 내다 보면 어느 날 작은 기쁨이 깃들지 않겠는가.

수도원 의자에 앉으면 관 속에 있는 것 같다. 죽음을 생각하라고 이렇게 만들었다고 한다.

수도원 가는 길이 생겼다. 벼랑에 매달린 이들에게 닿는 길 만들 방법을 생각한다.

세상과 단절하고 동굴을 찾은 수도사들이 그린 그림 앞에 선다. 그들이 조각했을 나무 십자가를 본다. 따가운 햇볕 아래에서 나무를 깎았을 것이다. 힘든 날을 견뎠을 것이다. 어쩌면 감사기도도 했을 것이다. 돈보다 중요한 게 있다고 말하는 그들의 소리를 듣는다. 벼랑에 매달린 청년을 살펴 달라고 매달려 본다. 벼랑 끝에 닿을 길을 고민한다.

운하

 세계 3대 운하가 있다. 수에즈 운하, 파나마 운하, 고린도 운하이다.
 지중해와 홍해를 잇는 수에즈 운하가 첫 번째다. 수에즈 운하 덕분에 유럽 사람들이 아프리카를 빙 돌지 않고 직통버스를 탄 것처럼 바로 아시아로 가게 되었다. 세계 역사와 무역, 경제에 큰 영향을 끼쳤다.
 북아메리카와 남아메리카 중간을 딱 자른 파나마 운하는 또 어떤가. 파나마 운하 없이 배로 샌프란시스코에서 뉴욕에 가려면 남아메리카를 빙 둘러야 한다. 무려 2만 킬로미터다. 비행기를 타면 된다고? 엄청난 화물은 어떻게 할 건가. 파나마 운하 덕분에 어마어마한 기름을 절약하게 되었다.

고린도 운하는 이름만 3대 운하이지 다른 둘에 비해 명성이 좀 떨어진다. 나는 고린도에 운하가 있다는 것조차 몰랐다. 고린도라고 하면 고린도전서 13장이 떠오를 뿐이다.

'사랑은 오래 참고 사랑은 온유하며 시기하지 아니하며 사랑은 자랑하지 아니하며 교만하지 아니하며 무례히 행하지 아니하며 자기의 유익을 구하지 아니하며 성내지 아니하며 악한 것을 생각하지 아니하며 불의를 기뻐하지 아니하며 진리와 함께 기뻐하고 모든 것을 참으며 모든 것을 믿으며 모든 것을 바라며 모든 것을 견디느니라'

주일학교에서 이 부분을 열심히 외운 기억만 있다.

고린도에 세계 3대 운하가 있다고 해서 고속버스를 타고 가는 내내 기대한다. 수에즈 운하나 파나마 운하를 상상한다. 그런데 가서 보니 생각보다 규모가 작다. 길이도 짧고 폭도 좁다. 딱 보기에도 큰 배는 어림없어 보인다. 실제로 고린도 운하 폭이 24m 정도다. 자동차 도로로 치면 차선 하나 3.5m에 여유 폭 1.5m 이상이니, 운하가 6차선 도로 정도 폭이다. 실제로 화물선은 못 가고 유람선 정도가 겨우 지난단다.

고린도 운하

그렇지만 고린도 운하의 역사를 보면 무시할 수 없다. 무려 로마의 네로 시대 때부터 팠다고 한다. 유대인 포로를 시켜서 팠는데 네로의 죽음 이후 중단되었다. 이후 여러 번 시도와 실패가 이어졌다. 이천여 년이 지나 다이너마이트가 생긴 후에야 운하를 팔 수 있었다.

다이너마이트가 있어도 1893년에 이 운하를 완공할 때는 엄청난 기술이 필요했다. 산을 뚝 잘라야 하고, 해수면까지 깊이 파야 했다. 길을 만드는 것과 차원이 다른 큰 공사다.

힘들게 운하를 파는 것은 그만큼 이익이 있기 때문이다. 만들기 어려워도 일단 운하를 만들기만 하면 배로 물건을 실어 나르

고린도의 바닷가

고, 사람을 오가게 한다. 비싼 통행료는 말할 것 없고 주변 도시가 발달한다.

 그런데 고린도 운하는 덕을 별로 못 봤다. 고린도가 있는 필로폰네소스 반도를 빙 돌 때보다 370km 정도만 단축되니 이용률이 떨어진다. 게다가 폭은 좁고 깊이는 깊다. 6~70m에 달하는 깊은 계곡 사이로 바람이 세게 분다. 양쪽 바다의 조수간만 차이 때문에 운하 안의 유속도 빠르단다. 위험해서 선주들이 피한다. 게다가 지진대에 있어서 석회암 절벽이 자주 부서지고 붕괴하는 바람에 유지·보수가 만만찮다. 힘들게 팠는데 사용하기 어렵다. 처음 완공했을 땐 얼마나 감격스러웠겠는가. 긴 기다림 끝에 이룬 성공을 자축했을 것이다. 큰 유지 비용만 들 줄 몰랐을 것이다.

고린도 운하만 그럴까. 힘들게 공부하고 써먹지 못하는 사람이 많다. 애써 이룬 일이 남 좋은 일만 될 때도 있다. 될 줄 알고 열심히 노력했지만 이루지 못한 일은 또 얼마나 많은가.

내가 사는 안산 시화호에 반달섬이 있다. 조금 더 가면 시흥에 거북섬도 나온다. 반달섬과 거북섬은 인공섬이다. 해양 레저 중심의 복합도시를 만든다고 했는데 실제로는 텅텅 빈 건물만 있다. 생숙이나 오피스텔, 상가를 분양받은 사람들의 손해가 이만저만 아니다.

고린도 박물관에 있는 유물. 병들었던 사람들이 신체 부분의 모형을 만들어서 신전에 바친 것이다. 성병이 많았던 지역이라 성기 모양도 있다.

텅 빌 줄 알았으면 큰돈을 들이지 않았을 것이다. 잘될 줄 알고 희망에 부풀었다. 왜 그런 곳을 샀느냐고 비웃을 건가. 나도 돈이 있으면 사고 싶을 만큼 매력적이었다. 마찬가지로 고린도 운하를 왜 팠느냐고 웃을 수 없다. 힘껏 이룬 일이 실패하는 일은 이것 말고도 널렸다.

고린도는 농사짓기 척박하고, 바다 생물 채취도 어려웠다. 대신 헬라문화와 로마문화를 연결하는 도시였다. 배를 타고 들어온 선원들을 대접하고, 다른 도시와 무역을 해서 도시를 유지했다. 자연스럽게 뱃사람을 상대로 한 매춘이 성행했다. 아프로디테 신전을 세우고 여자들이 여사제가 되어 매춘하는 게 자연스러웠다. 성병도 많았다.

고린도가 그런 도시였다는 걸 알게 되자 고린도전서를 읽을 때의 느낌이 달라진다.

'사랑은 오래 참고…' 외던 구절이 떠오른다. 사도 바울은 어떤 마음으로 사랑에 대한 편지를 고린도에 보냈을까 고민하게 된다. 향락과 자유분방한 성행위를 당연하게 여기는 사람들에게 다른 사랑을 말하는 바울. 그들이 애써 이루려는 성공이 의미 없는 행동이라는 것을 알려 주는 게 아닐까 생각하게 된다.

고린도 운하는 운하로는 낭패지만, 덕분에 관광객을 모은다. 파나마 운하처럼 배 한 번 통과시키고 몇천, 몇억 원 받아 챙기

고린도 운하 앞에 있는 기념품 가게. 나는 이곳에서 마그네틱을 샀다.

진 못해도, 많은 이들이 와서 사진을 찍고 기념품을 산다. 어쩌면 소박한 이 일이 더 만족스러울지도 모른다. 어찌 알겠는가. 성공이 독이 되고, 실패가 약이 되기도 하니 말이다. 실패보다 이후 삶이 중요하다.

반달섬이 나중에 해양 레저 도시로 엄청난 사람을 모으고, 투자한 사람들이 큰돈 버는 날이 올 수도 있다. 아니면 투자 실패를 좋은 거름으로 삼아 뿌리가 든든한 사람이 될 수도 있다. 든든한 뿌리 덕분에 누군가에게 둘도 없이 향긋한 열매를 선사하면 그것 또한 보람 있는 일이다.

성지순례 다녀온 이야기를 글로 묶는 나의 노력도 마찬가지일 것이다. 애쓰고 노력해도 종이 낭비로 끝날 수 있다. 그래도 한 글자씩 채우는 것은 누군가에게 읽을거리가 되면 좋겠다는 소망이 있기 때문이다. 한 삽씩 판 운하에 큰 배가 지날지, 작은 배만 다닐지 모른다. 작아도 마음에 닿는 물길이 되기를 바랄 뿐이다.

고린도에서 찍은 아몬드 나무. 죽은 것처럼 가지만 남아도 나무는 겨울이 가면 다시 꽃을 피운다.

집으로 돌아가는 중

 돌아가는 날이다. 아테네에서 두바이까지 네 시간 반, 세 시간 기다리고, 다시 비행기 타고 여덟 시간 반 비행이다. 여행 떠날 때는 설레어서 긴 비행이 지루한 줄 몰랐다. 끝났다고 생각하니 긴 귀가 시간이 막막하게 느껴진다.
 '언제 돌아가나' 하는 마음으로 공항에 간다. 일행 중에는 잠이 잘 오는 약을 챙겨 온 이도 있다. 어쩌면 그것도 하나의 방법이 될 것 같다.
 남편과 나는 아테네 공항에서 비행기 좌석 배정 담당자에게 우리가 일행이라고 서툰 영어로 얘기한다. 금발의 그녀와 활짝 웃으며 인사도 나눈다. 그런데 남편과 내 자리가 뚝 떨어져 있다. 붙어 앉을 자리가 없어서 그랬는지, 담당자가 고약한 사람이라 그랬는지 이유를 모르겠다. 자리를 바꾸려면 추가 요금을 내야 한다. 어쩔 수 없이 우리는 각자 낯선 외국인 옆에 자리를 잡고 앉는다.

 내 옆은 백인 남자다. 족히 백 킬로그램은 넘어 보인다. 키도 크고 어깨도 넓고 손도 크다. 좁은 좌석에 앉을 수 있을까 싶은데 엉덩이를 꽉 끼워 앉는다. 뱃살 두둑한 아주머니인 내가 왜소해 보일 정도다. 가벼운 눈인사를 나눈 우리는 나란히 앉아 각자 이어폰을 끼고 좌석 등받이 화면에 눈을 고정한다. 점점 눈꺼풀이 무거워지고 나는 잠든다. 식사 시간에 백인 남자가 "음음" 소리를 낸다. 나에게 일어나라는 신호인 것 같다. 그의 친절한 신호에 눈을 뜨고 밥을 받는다. 허둥대다 물병을 떨어뜨린다. 친절한 그가 좁은 틈 사이로 두툼한 팔을 뻗어 물병을 집어 준다. 고맙다는 눈인사를 보내고, 밥을 먹고 다시 잠든다. 남자는 화장실 한 번 안 가고 바른 자세로 긴 시간을 버틴다. 그도 가족이 있는 집으로 돌아가는 중일까.

고린도 박물관에서 본 동상. 이 동상들은 집 앞에 둔 일종의 문패다. 집주인이 바뀌면 머리만 바꿔 끼웠단다. 얼마나 실용적인가.

    남편은 옆에 앉은 외국인의 심한 몸 냄새 때문에 비행 내내 속이 울렁거렸다며 비행기에서 내리자마자 숨을 연거푸 들이마시고 내쉬기를 반복한다. 두바이공항 구경하는 것도 거절하고 남편은 긴 의자에 늘어져 눈을 감는다. 나는 비행 내내 먹고 앉아 있어서 그런지 배가 더부룩하다. 이후 여덟 시간 넘는 비행을 대비해 나는 공항을 어슬렁거린다. 몸을 풀어야 비행기에서 잠들 수 있다. 다른 말을 쓰고 다른 체형과 얼굴색, 옷차림의 사람이 뒤섞인 곳에서 남편은 자고 나는 걷는다.
    인천공항으로 오는 비행기 승객은 대부분 한국인이다. 낯선 사람이라도 한국인이라 말을 트고 인사를 나눈다. 모르는 말만

올림포스산

들다가 한국어를 들으니 집으로 돌아간다는 생각이 들어 마음이 풀어진다.

튀르키예와 그리스가 까마득하게 느껴진다. 불과 몇 시간 전에 유네스코 세계문화유산 1호 파르테논 신전 앞에 있었다. 휴대전화를 열고 찍은 사진을 정리한다.

활짝 웃는 내 얼굴 뒤로 도리스식 기둥과 아테네의 새파란 하늘이 보인다. 사진이 아주 먼 과거처럼 느껴진다. 거리가 멀어져서 그런 걸까. 장소가 바뀌면 시간도 어긋나고 간격이 생기는지도 모르겠다. 시차 때문에 시간이 늦어졌다 빨라졌다 제멋대로라서 더 그런 것 같다.

아테네의 에렉티온 신전

　일상으로 돌아가는 길이다. 인천공항에 내리자마자 콧물이 줄줄 흐른다. 쌀쌀한 날씨에 가방 안에서 옷을 꺼내 겹쳐 입는다. 고속버스를 타고, 택시를 타고 집으로 돌아온다.
　현관을 연다. 훈훈한 집 안 공기가 얼굴에 확 끼친다.
　"역시, 내 집이 최고야."
　돌아올 내 집이 있는 게 얼마나 기쁜 일인지. 얼른 씻고, 편한 잠옷으로 갈아입고 이불 속으로 쏙 들어간다. 머리 둘 곳이 없다고 하신 예수님을 생각한다. 데린구유 땅속에서 살았던 이들을 되새긴다. 메테오라 벼랑 끝에 거처를 마련한 이들을 떠올린다.
　며칠 후 남편과 자전거를 타고 시화 방조제를 달린다. 한쪽에 바다, 한쪽에 시화호를 두고 바람을 가른다. 얼굴에 닿는 바람이 시원하다. 비행기 좌석에 쪼그려 앉아 버티던 시간을 떠올린다.

느려도 내 발을 움직여 앞으로 가는 게 자유롭게 느껴진다.

"외국 여행보다 나는 우리 동네에서 자전거 타는 게 제일 좋네."

내 말에 남편이 고개를 크게 끄덕인다.

그래 놓고 또 바다 건너고 싶은 마음이 들끓을지도 모르겠다. 아무려면 어떤가. 여행을 가도 좋고 안 가도 무방하다. 부유해도, 가난해도, 명예로워도, 부러움을 받아도, 부러울 일이 없어도 괜찮다. 한때 엄청난 위용을 떨치던 돌덩어리가 환한 대낮에 온통 널브러져 있는 것을 보고 왔기 때문이다. 정교하게 다듬었던 작품이 다시 둥근 돌로 돌아가는 것을 보았음이다. 오늘을 감사하게 된다.

그리스 도로 옆에 이런 작은 조형물이 있다. 교통사고 난 현장에 유가족이 세워 둔다고 한다. 밤에는 이곳에 불을 켠다. 먼저 간 가족을 기억하는 동시에 지나는 사람들이 불빛을 보고 조심하라는 뜻인 것 같다.

자전거 페달을 밟는 발에 힘을 준다. 시화호 물이 바다로 빠져나가는 길을 따라간다. 머리 위로 비행기가 하얀 비행운을 남기고 지나간다. 먼 여정 잘 다녀오라고 눈인사를 보낸다.

고린도 바닷가에서 본 몽돌. 우리나라 동해안에서 본 몽돌과 똑같다.

사진 설명

3쪽. 라오디게아 교회 터 입구

7쪽. 여행 갈 때면 새 옷을 사 입는다는 지인이 있다. 새 옷 입고 찍은 사진이 추억이라고 한다. 우리도 새 커플 재킷을 입고 사진을 찍었다.

15쪽. 네압볼리 사도 바울 도착 기념 교회 앞에서 우리 발자국을 남긴다.

23쪽. 이스탄불에 있는 아야 소피아의 밤

32쪽. 눈 덮인 괴뢰메

43쪽. 라오디게아 교회 세례 터

가운데 우묵한 곳에 물이 있었다. 교회가 있던 곳마다 이렇게 생긴 세례 터가 있다. 데린쿠유 땅속에도 있다. 그래서 무너진 잔해 속에서 세례 터가 발견되면 그곳이 교회였음을 짐작한다고 한다.

55쪽. 국경을 넘으려고 새벽에 호텔을 나섰다.

61쪽. 사도빌립순교교회 터의 기둥. 둥글게 세워진 거대한 기둥 사이를 걸으며 찬송가를 불렀다.

69쪽. 메테오라 산정수도원 중 바들람수도원 안

78쪽. 바들람수도원 내 박물관 입구

86쪽. 고린도 운하

95쪽. 아테네에 있는 파르테논 신전

돌덩어리들

ⓒ 정은경, 2025

초판 1쇄 발행 2025년 9월 29일

지은이	정은경
펴낸이	이기봉
편집	좋은땅 편집팀
펴낸곳	도서출판 좋은땅
주소	서울특별시 마포구 양화로12길 26 지월드빌딩 (서교동 395-7)
전화	02)374-8616~7
팩스	02)374-8614
이메일	gworldbook@naver.com
홈페이지	www.g-world.co.kr

ISBN 979-11-388-4755-1 (03810)

- 가격은 뒤표지에 있습니다.
- 이 책은 저작권법에 의하여 보호를 받는 저작물이므로 무단 전재와 복제를 금합니다.
- 파본은 구입하신 서점에서 교환해 드립니다.

이 책은 안산시 문화예술진흥기금 지원금을 받아 제작되었습니다.